BEI GRIN MACHT SICH IHR WISSEN BEZAHLT

- Wir veröffentlichen Ihre Hausarbeit,
  Bachelor- und Masterarbeit

- Ihr eigenes eBook und Buch -
  weltweit in allen wichtigen Shops

- Verdienen Sie an jedem Verkauf

Jetzt bei www.GRIN.com hochladen
und kostenlos publizieren

Katharina Schäper

Aus der Reihe: e-fellows.net stipendiaten-wissen

e-fellows.net (Hrsg.)

Band 767

Die Entwicklung des Violoncellos zum Soloinstrument

GRIN Verlag

Bibliografische Information der Deutschen Nationalbibliothek:

Die Deutsche Bibliothek verzeichnet diese Publikation in der Deutschen National-
bibliografie; detaillierte bibliografische Daten sind im Internet über http://dnb.d-
nb.de/ abrufbar.

Impressum:

Copyright © 2012 GRIN Verlag GmbH
Druck und Bindung: Books on Demand GmbH, Norderstedt Germany
ISBN: 978-3-656-48103-4

Dieses Buch bei GRIN:

http://www.grin.com/de/e-book/231541/die-entwicklung-des-violoncellos-zum-
soloinstrument

GRIN - Your knowledge has value

Der GRIN Verlag publiziert seit 1998 wissenschaftliche Arbeiten von Studenten, Hochschullehrern und anderen Akademikern als eBook und gedrucktes Buch. Die Verlagswebsite www.grin.com ist die ideale Plattform zur Veröffentlichung von Hausarbeiten, Abschlussarbeiten, wissenschaftlichen Aufsätzen, Dissertationen und Fachbüchern.

Besuchen Sie uns im Internet:

http://www.grin.com/

http://www.facebook.com/grincom

http://www.twitter.com/grin_com

Albrecht-Dürer-Gymnasium Hagen

Grundkurs Musik
Schuljahr 2011/2012

Die Entwicklung des Violoncellos zum Soloinstrument

Katharina Schäper

Inhaltsverzeichnis

1.Einleitung

Die vorliegende Arbeit beschäftigt sich mit der Entwicklung des Violoncellos zum
Soloinstrument. Es wurde lange Zeit als Begleitinstrument eingesetzt und es waren
Fortschritte in mehreren Bereichen erforderlich, um eine Entwicklung zu bewirken. Im
Folgenden werden die Veränderungen in den Aspekten des Baus, der Spieltechnik und
des Repertoires beleuchtet, am Ende jeden Kapitels wird zusammmengefasst, welche
Neuerungen für den Weg zum Soloinstrument wichtig waren. Ferner wird untersucht, ob
sich das Instrument an die Musik anpasste oder die Musik für die Möglichkeiten der
Instrumente komponiert wurde und was genau den technischen Fortschritt des Cellos
auslöste und weiterführte.

2. Bau

2.1 Instrumentenbau

Das Cello ist die Kombination mehrerer Violintypen in Ahnlehnung an die Gambe. Die
Geschichte der Entwicklung hier gnau zu beschreiben würde den Rahmen
dieser Arbeit überschreiten. Deswegen werden hier nur einige wichtige bauliche
Veränderungen genannt, die der Entwicklung zum Soloinstriment förderlich
waren.

In der Barockzeit gab es mehrere Versuche mit einem fünf- oder sechssaitigen Cello, die
sich aber auf Dauer nicht durchsetzten konnten.

Vor der Standardisierung der Maße beim Cello ließen sich eine Vielzahl von Größen,
Proportionen, Modellen, Materialien und Stimmungen der Saiten finden.

Erst nach 1710 legte Antonio Stradivari die Maße aller Celli fest, die heute noch gängig
sind. "Seine [...] Instrumente haben eine Korpuslänge zwischen zwischen
75 und 76 cm, eine obere Breite von 34 bis 35 cm, eine untere Breite von ca. 44 cm und
eine Zargenhöhe von 11,5 cm."[1]

Im 18. Jahrhundert wurden, um sich dem neuen Klangideal der Klassik anzupassen, alle
Instrumente der Violinfamilie mit einem größeren Tonvolumen und
Tonumfang ausgestattet. Der Hals wurde länger, dünner und neigte sich nach hinten,
beim Cello zu einem Winkel von 83°(s. Anhang, Abb. 2). Die neue
Griffbrettneigung erforderte einen höheren Steg und eine höhere Saitenspannung, die

---

1(s. Pape/Boettcher)

4

duch die Technik, Darmsaiten mit Draht zu umspannen, ermöglicht wurde.

Durch die Verlängerung des schwingenden Saitenteils entwickelte sich ebenfalls eine größere Mensur.[2]

Im weiteren Verlauf werden die Celli immer weiter für Soloeinsätze entwickelt, so passen die Geigenbauer die Instrumente an den neuen Kammerton an, was bauliche und statische Konsequenzen mit sich bringt. Eine weitere wichtige Entwicklung ist der Stachel, der ungefähr ab 1860 eingeführt wurde und die bisher gebräuchliche Knie-Waden-Haltung ablöste. Der Stachel gab dem Cellisten mehr Stabilität und Bewegungsfreiheit beim Spiel der immer komplexeren Passagen.

2.2 Bogenbau

Die Entwicklung des Cellobogenbaus lässt sich nur gemeinsam mit der des Geigenbogenbaus betrachten, da beide Entwicklungen parallel stattfanden und die Cellobögen einfach nur größer und stabiler angefertigt wurden.[3]

Hier folgt eine kurze allgemeine Zusammenfassung der Bogenentwicklung:

Im 16. Jahrhundert gab es sehr viele Varianten der Bögen und abgesehen von der konvexen Bogenstange gab es keine einheitliche Regelung bezüglich Material oder Maßen. In weiteren Verlauf wurde die Stange dann immer gerader und man entwickelte die ersten Formen des Frosches. Vorher hatte der Musiker mit dem Daumen die Spannung der Bogenhaare bestimmt. Im 17. Jahrhundert setzte sich dann der Schraubfrosch durch, der auch heute noch benutzt wird.

Im 18. Jahrhundert verbesserten sich vor allem die Bogenstange und den Haarbezug. Der Bogen wurde nicht mehr gesägt, sondern unter Druck und Hitze in Form gebracht. Man verwendete jetzt meistens Pernambuco-Holz, das besonders elastisch und leicht war.

Von der Mitte des 18. Jahrhunderts bis 1810 wurde der Bogen von Fracois Tourte (1747 bis 1835) in seine endgültige, moderne Form gebracht.

Bezüglich der Entwicklung zum Soloinstrument sieht man, dass das Cello sich mit den anderen Instrumenten seiner Familie, wenn auch etwas verspätet, mitentwickelte und vor allem dank den Optimierungen Antonio Stradivaris zum modernen Cello hin Fortschritte machte.

2(vgl. Pape/Boettcher S. 24f)
3(vgl. Pape/Boettcher S. 30f)

Technische Neuerungen, die das Spielen schwieriger Passagen und die allgemeine technische Geläufigkeit fördern und erlauben, sind die Grundvorraussetzung für eine solistische Tätigkeit.

3. Technik

Die Fachliteratur betont, dass man keine genaue Rekonstruktion der Spieltechnik anstellen kann. Lehrwerke, die die Technik erläuterten, wurden erst vergleichsweise spät geschrieben und die Quellenlage davor ist zweifelhaft. Im Folgenden wird nur eine Zusammenfassung der Erkenntnisse der im Literaturverzeichnis aufgeführten Autoren wiedergegeben.

3.1 Grifftechnik

Die Grifftechnik des Violoncellos war immer sehr an die der Geige und der Viole angelehnt. Da das Cello jedoch senkrecht gehalten wurde, konnte man die Grifftechnik nicht ganz übertragen. Die Griffhand hatte wegen des Umstands, dass das Instrument gehalten werden musste (es wurde auch im Stehen oder Gehen gespielt, z.B auf Umzügen), eine flache Schrägstellung als Stütze. Erst ab 1650, als die Knie-Waden-Haltung eingeführt und verbreitet wurde, nahmen die Finger eine runde Stellung ein, die in einem 90-Grad Winkel zur Saite stand. Ab diesem Zeitpunkt konnte man alle Finger nutzen, was bis dahin aufgrund der Mensur und der Schrägstellung nicht möglich war.[4]

Mit diesen befreienden Entwicklungen konnte sich die Grifftechnik im 18. Jahrhundert besser entwickeln. Man verbesserte das Lagensystem der Halslagen und machte erste Versuche im Daumenaufsatz (beschrieben von Michel Corrette (Frankreich) 1741). Außerdem machte man Versuche bei der Doppel- und Mehrgriffigkeit, die schnelle Fortschritte machten.

Luigi Boccherini war einer der Ersten, die den Daumenaufsatz beherrschten. Er hinterließ kein Lehrwerk, das Aufschluss über seine genaue Technik hätte geben können. Betrachtet man jedoch seine Solokonzerte und sein umfangreiches Kammermusikwerk, so entdeckt man eine umfassende und sehr virtuose Nutzung der Daumenlage. Sie geht soweit, dass man behaupten kann, Boccherini hat die Entwicklung einer Cellotechnik, die der der Geige gleichkommt, in die Wege geleitet.

4(vgl. dtv, S. 153)

Das Vibrato wird in den Violonceloschulen des 17. und 18 Jahrhunderts wenig erwähnt.
Es ist eher eine Variante des Trillers als eine eigenständige Verzierung. Im weiteren
Verlauf wurde es z.b. bei den Geigen immer beliebter und analog dazu begannen auch
die Cellisten über die Nutzung zu diskutieren. Es war lange Zeit umstritten und es gab
Stimmen, die sich vehement dafür wie dagegen aussprachen. Man einigte sich jedoch
bald darauf, jeden Cellisten selbst entscheiden zu lassen, wie und wann er es einsetzte.
Man notierte die Stimmen der Celli in der bisherigen Entwicklung in vielerlei
Schlüsseln. Im 18. Jahrhundert setzte sich allerdings die Notierung in Bass-, Tenor- und
Violinschlüssel durch.

3.2 Entwicklung der Bogentechnik

Im Barock unterschied man zwischen zwei Griffarten, nämlich dem Obergriff
(übernommen von den Violinen) und dem Untergriff (angelehnt an die Gambe). Heute
ist nicht mehr genau zu klären,ob und wie lange beide Griffarten nebeinander gespielt
üblich waren. Bildmaterial und Texte aus dieser Zeit geben hierfür keinen Aufschluss.[5]
Im Untergriff benutzte man diesselbe Strichart und Bogenhaltung wie bei der Gambe.
Der Aufstrich zum Spieler hin war betont und wurde für die Hauptzählzeiten benutzt.
Der Obergriff funktionierte genau umgekehrt. Hier hatte der vom Spieler wegführende
Abstrich mehr Gewicht. Da es sich herausstellte, dass der Obergriff für die allmählich
komplexer werdenden Stimmen des Cellos praktikabeler war, setzte er sich durch.
Innerhalb des Obergriffes gab es mehrere Varianten. Die meisten Cellisten plazierten
ihre Hand nahe am Bogenschwerpunkt. Der Daumen umfasste die Bogenstange, der
Zeigefinger umfasste sie ebenfalls, während der kleine Finger auf der Bogenstange lag
und Mittel- und Zeigefinger die Haare berührten. (Als es noch keinen Frosch am Bogen
gab, der die Bogenhaare unter Spannung hielt, regulierten u. a. diese Finger die
Spannung des Bezuges.) Diese Bogenhaltung lässt sich (mit Ausnahme des
abgestreckten kleinen Fingers) an Abb. 1 betrachten (s. 6. Anhang). Vorteile dieses
Griffes sind die leichte Ansprache des Tons, die einfache Handhabung des Bogens am
Frosch und an der Spitze und des Vermeidens "extremer" Armpositionen.
Angeleht an die Bogentechnik der Violine, die die Bogenhand schon nahe am Frosch
hatte, tat die Cellotechnik es nun gleich. Der kleine Finger war nun auch nahe am
Froschansatz, um den Bogen in voller Länge auszunutzen. Daumen und Zeigefinger
wirken als Gegenpole zum Zeigefinger, der maßgeblich Druck und Kraft überträgt.

5(Pape/Boettcher: S. 97 f)

Bei der Bogenführung und der Strichstelle fand man heraus, dass der Bogen für langsame und/oder laute Stellen am besten nahe des Steges die Saite streichen sollte. Dasselbe gilt für Passagen in der Daumenlage, um den schwingenden Teil der Saite so lang wie möglich zu halten, um ein gutes Klangergebnis zu gewährleisten. Für schnelle und eher leise Stellen solle sich der Bogen in Richtung Griffbrett bewegen.

Für den besten Klang sollte der Bogen immer in einem 90 Grad Winkel zur Saite gestrichen werden. Doch aufgrund der baulichen Gegebenheiten war das bis zum 18. Jahrhundert sehr erschwert.

Die Celloschulen, die schon vor dieser Zeit geschrieben wurden, gehen nur oberflächlich auf die Bogenführung ein, was auch mit einem Mangel anatomischer Kenntnisse begründet werden kann. Die Gebrüder Duport waren die ersten, die sich in ihrem Lehrwerk näher mit der Bogentechnik beschäftigten. Sie hatten die Wichtigkeit des Handgelenks verstanden und praktizierten eine Technik, die dem heutigen "Handgelenksausgleich" nicht unähnlich ist. Das betrifft das Heben und Senkens des Handgelenks beim Streichen, um einen konstanten Bogenwinkel zur Saite und die passende Strichstelle zu bewahren.[6]

In der heutigen Technik ist bei der Bogenführung der Oberarm von entscheidender Bedeutung. Vor allem, wenn es zu Saitenwechseln oder besonderen Stricharten, wie Staccato oder Spiccato kommt. Erst im ausgehenden 18. und beginnenden 19. Jahrhundert wurde seine anatomische Wichtigkeit für die Spieltechnik erkannt und gelehrt. Dadurch und durch verschiedene bauliche Veränderungen des Instruments und des Bogens (weniger Gewicht, größere Elastizität, usw.), konnten sich auch die besonderen Stricharten weiterentwickeln.

Die neue Bogentechnik lässt sich gut an Thomas C. Eakins Gemälde "The Cello Player" (s. Anhang, Abb.3) erkennen.

Die technische Entwicklung ist für den Weg des Cellos zum Soloinstrument von entscheidender Bedeutung. Verglichen mit der Geige, die technisch weiter fortgeschritten war, war es lange Zeit im Nachteil. Technischer Fortschritt erfolgte durch bauliche Veränderungen des Instruments, die von den Geigenbauern entweder aus eigenem Antrieb oder auf Wunsch von Cellisten entwickelt wurden und von deren Ehrgeiz, sich technisch zu verbessern. Die Lehre war dafür ebenfalls ein entscheidendes Kriterium. Es gab nur sehr wenige Institutionen, wie das Pariser Konservatorium

---

6(vgl. Pape/Boettcher S. 102 f)

(gegründet 1795), an denen zentral gelehrt wurde. Der Großteil der Cellisten lernten privat von den Meistern. Doch wo es ein größeres Netzwerk von Cellisten gab, z.B. an einem Hof oder an einer Institution, förderte der Erfahrungsaustausch den technischen Fortschritt.

4. Repertoire

4.1 Kammermusik

Im 16. Jahrhundert war die gesamte Violinenfamilie nicht sehr angesehen, man bevorzugte die Viola da Gamba. Die Violinenfamilie wurde mit Tanzmusik und der Begleitung von Umzügen und anderen Festen assoziiert.[7]

Im Laufe des 16. und 17. Jahrhunderts gewann die Violinfamilie (allen voran die Geige) immer mehr an Bedeutung und Anerkennung und wurde vermehrt in Kammermusik und am Hofe eingesetzt.

Im Ensemble wurde das Cello vor allem als Teil der Basso Continuo-Gruppe eingesetzt, bei der es die eigentliche Basslinie spielte, die immer ein Gegenpart zur Solostimme war. Das Akkordinstrument, wie z.B. das Cembalo, spielte währendessen dieselbe Linie wie das Cello sowie die "ausformulierte" Akkordbegleitung, die durch die Bezifferung der Basslinie suggeriert wird.[8]

Im Italien des 17. Jahrhunderts entwickelten sich außerdem zwei Formen der Sonate. Dieser Begriff war nur eine Bezeichnung für ein Instrumentalstück.[9]

Cowling sagt dazu: "The word 'sonata' in its earliest use had no reference to any formal characteristics of a compostion."[10]

Die Kirchensonate (Sonata da chiesa) hatte meist vier Sätze, die alle in derselben Tonart standen, jedoch unterschiedliche Tempi hatten. Am Anfang fand man verschiedene Muster, doch nach einiger Zeit kristallisierte sich die Form "Langsam - Schnell - Langsam - Schnell " heraus.[11]

Die Kammersonate (sonata da camera) war in Italien eine freie Sammlung von

---

7(vgl. Cowling, S. 56)

8(vgl. Cowling, S. 61f)

9(vgl. Pape/Boettcher s. 165)

10(Cowling S. 62)

11(vgl. Pape/Boettcher: S. 166)

Tanzsätzen. In Deutschland wurde diesselbe Form Suite genannt. An dieser Stelle muss man die "Suiten für Violoncello allein" (um 1720) von Johann Sebastian Bach erwähnen. Sehr an die Sonaten und Partiten für Solovioline angelehnt, zeigen die Solosuiten für Cello "echte und latente Mehrstimmigkeit"[12], sowie eine musikalisch hochkomplexe Kompositionsweise. Die Suiten weisen die damals übliche Form auf: Alle fangen mit einem Prélude an, gefolgt von den zentralen Sätzen der Suite: Allemande, Courante und Gigue. Zwischen Sarabande und Gigue findet man entweder zwei Menuette, zwei Bourée oder zwei Gavotte, bei deren Spiel man das erste Stück wiederholt.

Alle Sätze weisen die für die Suite typische Zweiteiligkeit auf, die durch ein Wiederholungzeichen in der Mitte hervorgehoben wird. Die ersten vier Suiten sind für ein Cello mit der noch heute gebräuchlichen Stimmung geschrieben worden. Die fünfte Suite wurde für ein Cello mit Scordatur-Stimmung geschrieben (die a-Seite wird zu g gestimmt), was ästhetische wie spieltechnische Gründe gehabt haben kann.

Die sechste Suite wurde wahrscheinlich für ein fünfsaitiges Instrument wie z.B. das Violoncello piccolo oder die Viola pomposa komponiert. Mit einem viersaitigen Cello ist damit die Schwierigkeit dieses Stückes ungleich höher, da es Techniken verlangt, die im frühen 18. Jahrhundert noch nicht ausgereift waren. Dadurch galten die sechste und auch die fünfte Suite lange Zeit als unspielbar.[13]

Schon vorher wurden mehrere Solowerke für Cello komponiert, doch blieb dieser Bestand gering im Vergleich zu den beliebteren Soloinstrumenten, wie der Geige oder den Tasteninstrumenten.

In der Frühklassik und der Klassik wurde vorwiegend Musik für das Klavier geschrieben. In dieser Zeit kamen auch die ersten Sonaten für Klavier auf, die die Geige oder später das Cello als Begleitung ad libitum beinhalteten, sowie die ersten Triosonaten. Erst nach und nach entwickelten sich diese Stücke zu wirklichen Duosonaten. Cowling bemerkt dazu: "A real duo implies an equal importance to both parts, and in cello literature, this development practically starts with Beethoven."[14] Die fünf Cellosonaten Beethovens stellen das Cello mit dem Klavier in musikalischer und technischer Hinsicht auf eine gemeinsame Stufe.

Im Ensemble hatte das Cello bisher bis zu diesem Zeitpunkt meist nur eine

---

12(vgl. Pape/Boettcher: S. 171)

13(vgl. Pape/Boettcher: S. 172f)

14(Cowling, S. 128)

untergeordnete Bassfunktion. Doch in der Klassik entwickelte es sich zu einem gleichberechtigten Part. Das kann man z.b. an Streichquartetten des späteren Haydn (op. 17 und 20) oder an den "preußischen" Streichquartetten Mozarts (KV 575, 589, 590 in 1789/90) sehen, die vom Cello zusehends schwierigere Technik und höhere musikalische Beteiligung verlangen. [15] Joseph Haydn schrieb außerdem mehrere Triosonaten für Klavier, Violine und Cello. Zwar spielten Cello und Klavier zuerst dieselbe Basslinie, doch emanzipierte sich das Cello später zum Part.

Grund für diese Entwicklungen war, dass sich nun auch die Komponisten für das Cello zu interessieren begannen, die das Instrument selbst nicht beherrschten. Das bot einerseits die Möglichkeit neuer Entwicklung, andererseits ergab sich auch ein neues Problem. Die Komponisten hatten wenig Wissen über das technische Vermögen des Instruments und bedurften des Rats von Cellisten. "Die fehlende eigene Spiel-Erfahrung und die Notwendigkeit, sich von Violoncellovirtuosen beraten zu lassen, blieb für die vom Klavier herkommenden Großmeister [...] ein Dauerproblem."[16]

4.2 Konzertliteratur

Das Cello spielte als konzertierendes Soloinstrument eine untergeordnete Rolle. Das lag zum Einen daran, dass die Form des Solokonzerts vornehmlich für die Violine entwicklet wurde. Das Cellokonzert entstand in Anlehnung an diese neue Form und stellte keine eigenständige Entwicklung dar. Die Geige behielt ihre bevorzugte Stellung als Soloinstrument. Zwar schrieb Vivaldi 27 Cellokonzerte, jedoch blieben diese eher unbeachtet. Im weiteren Verlauf des 18. Jahrhunderts komponierten vor allem Musiker Cellokonzerte, die selbst Cellisten waren. Zu ihnen gehörten Luigi Boccherini (1747-1805), die Gebrüder Duport (Jean-Pierre 1741-1818 und Jean-Louis 1749-1819), und Johann Friedrich Dotzhauer (1783-1860). Sie schrieben vor allem Etüden, Lehrwerke und Kammermusik, doch auch einige Cellokonzerte.

Auch Komponisten ohne Bezug zum Cello schrieben einige Konzerte, darunter z.B. Haydn, dem fünf Konzerte zugeschrieben werden. (Bei einigen wird die Urheberschaft angezweifelt.) Seine Konzerte gehören heute noch zum Standardrepertoire. Seine Konzerte waren zu seiner Zeit an der Grenze des spieltechnisch Möglichen und wurden nur von den besten Virtuosen gespielt. Selbst für moderne Cellisten sind sie sehr anspruchsvoll.

15(vgl. dtv: S. 148)

16(s. dtv: S.149)

Das Problem damaliger Komponisten war, dass sie auf den technischen Stand des Cellos Rücksicht nehmen mussten, was Inhalt und Motivation stark beeinflusste. Auch hatte ein Großteil der Komponisten kein Interesse am Cello als Soloinstrument. Bis zum Ende des 18. Jahrhunderts war für die Violine ein Großteil der Konzertliteratur der Zeit geschrieben worden, doch langsam wurde auch das Klavier ein gefragtes Soloinstrument und diese beiden teilten sich die Aufmerksamkeit des Konzertpublikums.

Erst im Verlauf des 18. und im Beginn des 19. Jahrhunderts hat das Cello an Bedeutung hinzugewonnen. Eine Virtuosenmentalität entstand, die Beweise des technischen Könnens des Cellisten forderte. Einige Werke sind nur zum Zeigen des technischen Könnens der Virtuosen geschrieben worden und werden nur noch zu Studienzwecken gespielt.[17]

Die meisten Cellokonzerte aus dieser Zeit wurden der Form des Klavierkonzertes nachempfunden, später entwickelten sich eigene Stilelemente. Erst innerhalb der Sätze (z.B rezitativischer Stil), dann auch bei der äußeren Form. So verkürzen sich z.b. die Einleitungen des Tuttis in der Exposition, oder sie fallen ganz weg. Auch hebt man die klassische Satzstruktur auf und lässt die Sätze nahtlos ineinander übergehen (z.B. beim Konzert von Edward Elgar. op. 85 in e-moll).[18]

Nachdem das Cello dank dieser Entwicklung der Geige technisch in nichts mehr nachstand und alle virtuosen Möglichkeiten ausgeschöpft waren, begannen auch bekannte Komponisten (mithilfe anderer Cellovirtuosen, die sie berieten) für das Instrument zu komponieren. Konzerte und Konzertstücke von Schumann, Saint-Saens, Tschaikowski, Dvorak, Lalo und Bruch sind bis heute Standardrepertoire.[19]

Pape betont in seiner Dissertation, dass die Entwicklung des Cellos als eigenständiges Soloinstrument erst möglich war, als die technischen Möglichkeiten gegeben waren. Somit kann man von einer vorbereitenden Arbeit der komponierenden Cellisten und der Virtuosen sprechen. [20]

17(vgl. Pape/Boettcher S. 190)

18 (vgl. Weber S. 124f)
19(vgl. Pape/Boettcher S. 190)

20 (vgl. Pape S.167f)

5. Fazit

Zusammenfassend lässt sich sagen, dass die erste Vorraussetzung zur Entwicklung des Violoncellos zum Soloinstrument der Fortschritt im Instrumentenbau war, der es ermöglichte, das Instrument zu verbessern und es effizienter zu nutzen. Vorbild in Gestalt und Spielweise war dabei immer die Violine, die das beliebtere Soloinstrument war. Der bauliche Fortschritt wurde von Cellisten und Geigenbauern gleichermaßen getragen. Die Cellisten hatten, nachdem die Gestalt der Instrumente sich angepasst hatte, die Möglichkeit, eine neue Spieltechnik zu entwickeln und anzuwenden. Cellisten, die auch komponierten - wie z.b. die Gebrüder Duport – schrieben dementsprechend Lehrwerke, Kammermusik und Konzerte, die die neue Technik vorraussetzten. Bau und Technik hatten, vorangetrieben von Cellisten und Geigenbauern, eine dialektische Beziehung. Sobald die technischen Möglichkeiten sowie ein größeres Klangvolumen vorhanden waren und sich das Cello den neuen Klangvorstellungen der Klassik anpasste, konnten und wollten mehr Komponisten für das Cello schreiben und es wurde als gleichwertiges Soloinstrument von Musikern und Publikum angenommen.[21]

---

21 (s. 6. Anhang, Abb. 4)

6. Anhang

Abb. 1 (s.S.6) Ceruti, Giacomo: Bildnis eines Cellospielers, 1745-1750, Wien, Kunsthistoisches Museum

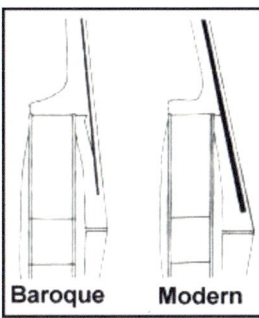

Abb. 2 (s. S. 3) Darstellung des Winkels des Halses zum Korpus beim barocken und modernen Cello (Quelle: http://www.cello.org)

14

Abb. 3(s. S 7) Cowperthwait Eakins, Thomas, The Cello Player, 1896

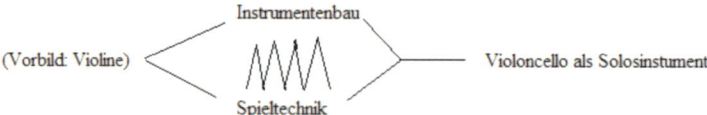

(Vorbild: Violine) — Instrumentenbau / Spieltechnik — Violoncello als Solosinstument

Abb. 4(s. S. 12) Schematische Darstellung des Fazits

7. Literaturverzeichnis

BÄCHI, Julius: Berühmte Cellisten, Zürich, 1973

edition MGG: Musikinstrumente in Einzeldarstellungen Band 1: Streichinstrumente,
          dtv/Bärenreiter Kassel, 1981

ECKHARDT, Josef: Die Violoncelloschulen von J.J.F. Dotzhauer, F.A. Kummer und B.
          Romberg

COWLING, Elizabeth: The Cello, London, 1975

PAPE, Winfried und BOETTCHER, Wolfgang: Das Violoncello

PAPE, Winfried: Die Entwicklung des Violoncellspiels im 19. Jahrhundert,
          Saarbrücken, 1962

PLEETH, William: Das Cello, 1982

WEBER, Hans: Das Violoncellokonzert des 18. und beginnenden 19. Jahrhunderts,
          Tübingen,1932